BEI GRIN MACHT SICH IHR WISSEN BEZAHLT

- Wir veröffentlichen Ihre Hausarbeit,
  Bachelor- und Masterarbeit

- Ihr eigenes eBook und Buch -
  weltweit in allen wichtigen Shops

- Verdienen Sie an jedem Verkauf

Jetzt bei www.GRIN.com hochladen und kostenlos publizieren

Können Olympische Spiele in Deutschland eine Tourismus Legacy schaffen?

Manuel Jakab

Bibliografische Information der Deutschen Nationalbibliothek:

Die Deutsche Nationalbibliothek verzeichnet diese Publikation in der Deutschen Nationalbibliografie; detaillierte bibliografische Daten sind im Internet über http://dnb.d-nb.de abrufbar.

ISBN: 9783346509529
Dieses Buch ist auch als E-Book erhältlich.

Druck und Bindung: Books on Demand GmbH, Norderstedt Germany
Gedruckt auf säurefreiem Papier aus verantwortungsvollen Quellen

Das vorliegende Werk wurde sorgfältig erarbeitet. Dennoch übernehmen Autoren und Verlag für die Richtigkeit von Angaben, Hinweisen, Links und Ratschlägen sowie eventuelle Druckfehler keine Haftung.

Das Buch bei GRIN: https://www.grin.com/document/1137607

Universität Bayreuth

Lehrstuhl Sportwissenschaft II

Hauptseminar Sport Governance 1
WS 2015/16

Thema der Seminararbeit

Können Olympische Spiele in Deutschland eine
Tourismus Legacy schaffen?

Verfasser: Manuel Jakab

Inhaltsverzeichnis

Abbildungsverzeichnis

Tabellenverzeichnis

1 Einleitung

Heutzutage stehen Städte im globalen Konkurrenzkampf um Touristen mit anderen vergleichbaren Destinationen (vgl. Preuß, 2006, S.7). Aus diesem Grund definieren viele Städte im Rahmen des Stadtmarketings zumeist einen Zielkatalog, welcher die Steigerung der Attraktivität des Standorts für Touristen beinhaltet (vgl. Franke, 2014, S.52). Die Austragung von Olympischen Spielen wird hierbei häufig als *once in a lifetime* Chance und als ein ein Instrument gesehen, welches dazu dient, Wettbewerbsvorteile zu generieren und folglich den Tourismus nicht nur während der Spiele, sondern langfristig zu steigern (vgl. Preuss, 2004, S.46; Williams & Elkhashab, 2012, S.317). Aus diesem Grund wird, zumeist innerhalb des Bewerbungsprozesses durch die Städte, die Steigerung des Tourismus als eines der Kernziele angegeben (vgl. Fourie & Santana-Gallego, 2011, S.1367). Allerdings wird die Effektivität von Olympischen Spielen für die langfristige Entwicklung einer Stadt oder einer Region sehr kontrovers diskutiert. Die Befürworter argumentieren, dass dieses Event eine schnellere Rekonstruktion und Modernisierung als auch eine Verbesserung des Images des Austragungsortes ermöglicht und diese in Folge zu einer besseren Positionierung als Tourismusdestination im globalen Wettbewerb führt (vgl. Preuss, 2009, S.134). Die Argumentation der Gegner basiert auf der Annahme, dass diese Sportevents nicht der effizienteste Weg sind, um dauerhaft Wettbewerbsvorteile zu generieren. Sie stützen sich darauf, dass beispielsweise aufgrund von übereilter Planung oder dem Bau unnötiger Infrastrukturen, Ineffizienzen auftreten und folglich öffentliche Mittel in alternative Projekte investiert werden sollten (ebd.). Die Olympischen Spiele werden auch von deutschen Stadtmarketern als interessantes Instrument angesehen, wie deutlich anhand der Bewerbungen von München und Hamburg zu erkennen ist.

Anhand dieser Arbeit soll die Frage beantwortet werden, ob die Austragung von Olympischen Winter- oder Sommerspielen den Tourimus einer deutschen Stadt oder Region langfristig erhöhen kann und welche Destinationen hierfür als geeignet erscheinen. Zunächst werden hierzu die theoretischen Grundlagen in Bezug auf mögliche Folgen für den Tourismus kurz vorgestellt. In Kapitel 3 wird die Theorie auf Praxisbeispiele übertragen und die Ergebnisse ausgewählter vergangener Austragungsorte dargestellt. Anschließend erfolgt eine Übertragung der ermittelten Ergebnisse auf mögliche Olympische Spiele in einer deutschen Stadt. Im Fazit werden schließlich die langfristigen

Wirkungen von Olympischen Spiele und die Sinnhaftigkeit einer Austragung in Deutschland bewertet.

2 Theoretische Grundlagen

Die Olympischen Spiele sind sogenannte Hallmark-Events, welche bereits im Jahre 1984 von Ritchie (1984, S.2) definiert werden als

> „(M)ajor one-time or reoccurring events of limited duration, developed primarily to enhance the awareness, appeal and profitability of a tourism destination in the short/or long term. Such events rely for their success on uniqueness, status, or timely significance to create interest and attract attention".

Diese Aussage ist heute aktueller als je zuvor, da aufgrund von Faktoren wie Globalisierung, Massenmedien und verbesserten Transportsystemen der Tourismus zu einer der wichtigsten Einnahmequellen für Städte, Regionen und Länder geworden ist und gleichzeitig der Wettbewerb um potentielle Besucher immer intensiver wird (vgl. Franke, 2014, S.45f.). Eines der Ziele von Tourismusdestinationen ist es somit, möglichst einzigartige Merkmale und Angebote oder ein besonderes Image zu entwickeln (ebd.). Viele Stadtmarketer erachten hierfür die Austragung von Olympischen Spielen, wie bereits erwähnt, als geeignetes Instrument, da diese beispielsweise die Infrastruktur, das Image und die Bekanntheit verbessern als auch die positiven Charakteristika des Sports auf den Ort übertragen können (vgl. Franke, 2014, S.288; Sant, Mason, & Hinch, 2013, S.58). Dies kann eine *Legacy* schaffen, welche in signifikanten Vorteilen gegenüber den Konkurrenten resultiert.

2.1 Legacy

Nach Gratton & Preuß (2008, S.1924) kann Legacy wie folgt definiert werden: „*Legacy* is planned and unplanned, positive and negative, intangible and tangible structures created through a sport event that remain after the event." Im Falle der erfolgreichen Umsetzung der Olympischen Spiele entsteht eine sogenannte *Event Legacy*, welche aus vielen *Sub-Legacies* besteht. Diese verschiedenen *Legacies* können sich zusätzlich zu den bereits genannten Faktoren noch hinsichtlich ihrer räumlichen Wirkungsweise als auch ihrer Wirkungsdauer unterscheiden und weisen häufig Interdependenzen auf (vgl. Preuss & Lienhard, 2014, S.34f.). Des Weiteren kann die gleiche *Legacy* durch verschiedene Stakeholder unterschiedlich wahrgenommen werden und es existieren Interdependenzen zwischen den einzelnen *Legacies* (vgl. Agha, Fairley, & Gibson, 2012, S.132; Preuss & Lienhard, 2014, S.17). Nach Preuß & Lienhard (vgl. Preuss & Lienhard, 2014, S.21) benötigen und kreieren sportliche Mega-Events sechs verschiedene *Eventstrukturen*, welche sie als Infrastruktur, Wissen, Politik, Emotion, Netzwerke und Kultur identifizieren. Diese werden benötigt, um eine langfristig erfolgreiche *Event Legacy* zu erreichen.

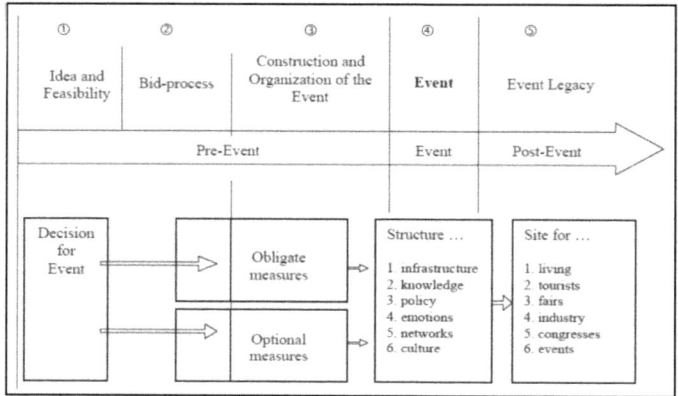

Abb. 1 Der Prozess der geplanten Erreichung einer Event Legacy (Preuss & Lienhard, 2014, S.20)

Aus Abb.1 wird ersichtlich, dass die Verbesserung des Tourismus, welche im Rahmen dieser Arbeit im Fokus steht, als eine der Konsequenzen dieser 6 *Eventstrukturen* angesehen wird. Eine erfolgreiche *Event Legacy* wird häufig daran gemessen, inwieweit sich ein Ort hinsichtlich seiner Wirtschaftsaktivität verändert. Der Idealfall ist ein langfristiger Anstieg des Niveaus der Wirtschaftsaktivität (vgl. Abb.2) und zur Erreichung dieses Ziels ist der Folgetourismus ein wichtiger Faktor (vgl. Preuss, Kurscheidt, & Schütte, 2009, S.50).

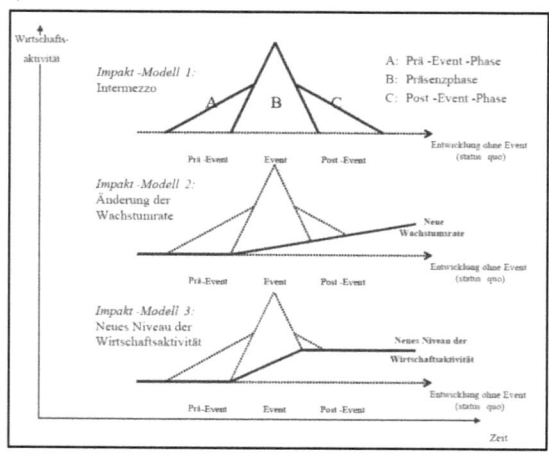

Abb. 2 Langfristige Event-Impakt-Modelle (Preuss et al., 2009, S.51)

3

Allerdings tritt eine solche Entwicklung nicht automatisch auf (vgl. Weed, Stephens, & Bull, 2011, S.347). Eine Stadt kann von solchen sportlichen Events profitieren. Hierzu ist es jedoch notwendig, dass das Event zur Stadtplanung passt, die Ziele klar definiert werden und der Fokus bei der Umsetzung auf den strategischen und organisatorischen Fähigkeiten aus einer mittel- bis langfristigen Sicht liegt (vgl. Ruta, 2015, S.39).

2.2 Tourismus Legacy

Eine Tourismusdestination kann auf verschiedenste Arten eine positive *Legacy* erreichen. Dies kann beispielsweise die Reduktion der Saisonalität, eine Erweiterung der Tourismusattraktionen, der Ausbau verfügbarer Kapazitäten, die Verbesserung der allgemeinen Infrastruktur oder die Verbesserung der Bekanntheit und des Images sein (vgl. Sallent, Palau, & Guia, 2011, S.399). Diese *Legacies* können in harte und weiche beziehungsweise sichtbare und nicht sichtbare Standortfaktoren unterteilt werden (vgl. Abb.3). Die rechte Seite umfasst die Entwicklung der harten Faktoren, wie Sportstätten, Parks, Tourismusattraktionen oder öffentliche Verkehrsmittel, während die linke Seite die weichen Faktoren umfasst (vgl. Preuss & Solberg, 2007, S.220). Im Falle der harten Faktoren ist es sinnvoll, auch in nicht eventrelevante Infrastrukturen zu investieren, um zukünftig mehr Besucher anzulocken (vgl. Preuss & Solberg, 2007, S.213; 2015, S.223).

Die weichen Faktoren können durch die Austragung eines Mega-Events sowohl zu einer Verbesserung des Wissens und der Fähigkeiten der Dienstleister und Einwohner führen als auch eine Intensivierung der Beziehungen und Netzwerke zwischen den Stakeholdern herstellen und somit zu einer Steigerung der Gesamtqualität des Touriusmusangebots und der Destination beitragen (vgl. Preuss & Solberg, 2007, S.220; Sallent et al., 2011, S.416f.). Es wird angenommen, dass dies einerseits zu einer erhöhten Bekanntheit und andererseits auch zu einem verbesserten Image führt. Während die Bekanntheit nur quantitativ darstellt wie viele Personen eine Stadt kennen, ist das Image ein qualitativer Aspekt, welcher eine entscheidende Rolle bei der Entscheidung für oder gegen den Besuch eines Ortes spielt (vgl. Franke, 2014, S.141; Preuss, 2004, S.46). Als Resultat hieraus kann ein Event sowohl eine unbekannte Destination bekanntmachen als auch das Image einer bereits etablierten Destination signifikant verbessern (vgl. Pellegrino & Hancock, 2010, S.6). Eine erfolgreiche Planung und Kombination dieser weichen und harten Faktoren in Verbindung mit der Einführung neuer Produkte und einer Verbesserung der Position der

Destination als Marke (vgl. Abb.3), kann zu einer langfristig erhöhten Tourismusnachfrage führen (vgl. Preuss & Solberg, 2007, S.220).

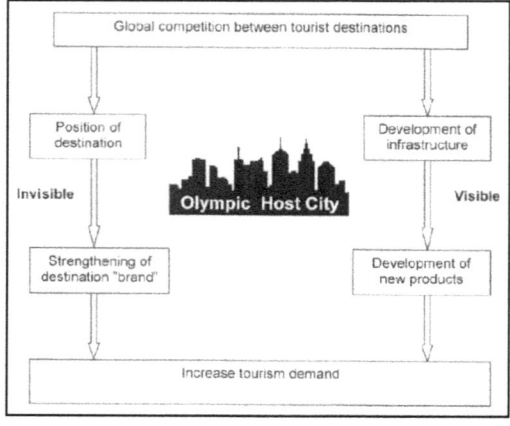

Abb. 3 Potentielle Tourismus Legacy einer Stadt oder Region (Preuss & Solberg, 2007, S.221)

Zur Erreichung dieses Ziels ist es jedoch notwendig, dass eine Person die Veränderungen zunächst wahrnimmt. Dies kann einerseits dadurch geschehen, dass sie die Olympischen Spiele mit Hilfe der Medien verfolgt und aufgrund der erhaltenen Eindrücke entscheidet, dass diese Destination ein attraktiver Ort ist, welchen es sich zu besuchen lohnt (vgl. Weed, 2011, S.195). Andererseits kann sich eine Person durch einen bereits erfolgten Besuch der Spiele und ihrer resultierend erhaltenen Eindrücke über die gesamte Stadt, dazu entschließen, noch einmal dorthin zu reisen, um einen eher generellen Urlaubstrip zu unternehmen (ebd.). Diese Besucher können zusätzlich noch als Multiplikatoreffekt fungieren, indem sie anderen Personen ihre positiven Erfahrungen und Eindrücke schildern und diese somit dazu motivieren ebenfalls dorthin zu reisen (vgl. Preuss, 2004, S.46). Allerdings ist zu beachten, dass die erhaltenen Eindrücke auch negativ sein können und somit potenzielle Touristen davon abhält diesen Ort zu besuchen. Nach Preuß (ebd., S.37) umfasst der Folgetourimus der Olympischen Spiele in etwa einen Zeitraum von zehn Jahren. Jedoch verlängert sich dieser, falls spezielle Tourismusattraktionen, wie der Olympia Park in München, gebaut wurden oder sportbezogene Folgeevents stattfinden. Auf der anderen Seite ist es auch möglich, dass sich dieser Zeitraum verringert, falls das Event keinerlei tangible Tourismusattraktionen geschaffen hat (ebd.). Song (2010, S.103) ist ähnlicher Meinung und stellt fest, dass die Effekte in etwa einen Zeitraum von vier bis zwölf Jahren umfasst, abhängig von der Qualität der langfristigen Planung.

2.3 Wichtige Einflüsse

Allerdings ist selbst eine Verbesserung der Gesamtqualität der Dienstleistungen und folglich eine deutlich erhöhte Kundenzufriedenheit keinerlei Garantie dafür, dass die Besucherzahlen und somit auch der ökonomische Erfolg eines Ortes, steigen. Dies hat eine Vielzahl an Gründen. Zunächst herrscht in der Tourismusbranche ein intensiver Wettbewerb. Das Resultat hieraus ist, dass Kundenzufriedenheit nicht automatisch zu Kundenbindung führt (vgl. Abb.4) und nur äußerst zufriedene Besucher eine Destination wiederbesuchen oder weiterempfehlen (vgl. Woratschek & Zieschang, 2001, S.21f.).

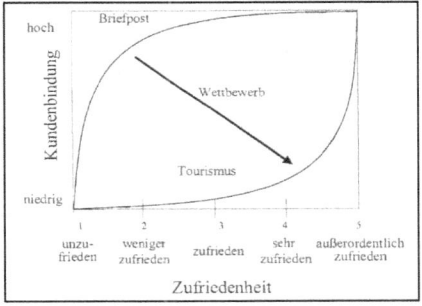

Abb. 4 Zusammenhang zwischen Kundenzufriedenheit und Kundenbindung im Tourismussektor (Woratschek & Zieschang, 2001, S.21)

Zusätzlich tritt im Tourismus noch das Phänomen des *Variety Seeking Behavior* auf, welches dazu führt, dass selbst sehr zufriedene Kunden nicht unbedingt wieder Urlaub in dieser Destination machen (ebd., S.22). Ein weiterer wichtiger Aspekt wird in Abb. 5 illustriert. Hieraus wird ersichtlich, dass die Eventveranstalter nur begrenzte Kontrolle über die den Folgetourismus beeinflussenden Faktoren haben und dass die Umwelt einen großen Einfluss auf den Tourismus hat (vgl. Preuss & Solberg, 2007, S.222).

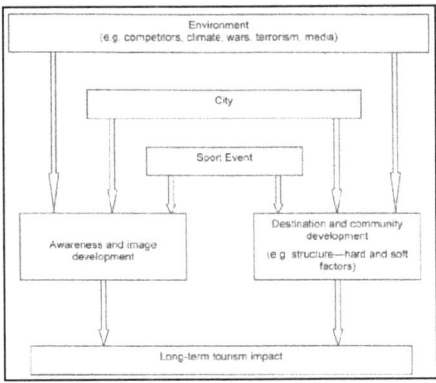

Abb. 5 Beeinflussende Faktoren der tourismusbezogenen Stadtentwicklung (Preuss & Solberg, 2007, S.222)

6

Diese, den Folgetourismus beeinflussenden externen Faktoren können zum Beispiel eine wirtschaftliche Rezession oder einen Boom, als auch besondere Vorkommnisse wie einen Terroranschlag, eine Naturkatastrophe oder Unruhen innerhalb eines Landes sein (vgl. Agha et al., 2012, S.133). Weitere signifikante Einflussfaktoren für das Verhalten von potentiellen Besuchern ist die geographische Entfernung von der Tourismusdestination, die Währung und die Sprache (vgl. Song, 2010, S.99). Abschließend muss auch noch in Betracht gezogen werden, dass aufgrund der Olympischen Spiele eine Umverteilung der begrenzten öffentlichen Mittel erfolgt (vgl. Preuss & Lienhard, 2014, S.37). Im Falle einer Nichtausrichtung dieses Events könnten diese Ressourcen anders verwendet werden und hätten voraussichtlich auch Folgen für die Entwicklung des Tourismus. Aufgrund all dieser Variablen, die Einfluss auf den Folgetourismus haben, ist es kaum möglich die exakten Auswirkungen von Olympischen Spielen auf den Tourismus in den darauffolgenden Jahren zu ermitteln (Auruskeviciene et al., 2015, S.54; Preuß, 2006, S.11). Jedoch werden in der Wissenschaft immer wieder Versuche unternommen, diese mit Hilfe verschiedener Messmethoden zu ermitteln. Die bisher ermittelten Auswirkungen für den Folgetourismus variieren je nach Austragungsort sehr stark und können sowohl positive als auch negative Werte annehmen (vgl. Agha et al., 2012, S.127). Jedoch sind sich die Wissenschaftler in der Mehrheit darüber einig, dass die Olympischen Winterspiele andere Ziele erreichen können als die Sommerspiele. Während die Olympischen Winterspiele ein größeres Potential als Eingangstor für einen erhöhten Tourismus auf einer regionalen Ebene zu haben scheinen, besitzen die Sommerspiele ein größeres Potential das Image und den Folgetourismus einer Stadt zu verändern (vgl. Weed, 2011, S.211f.).

3 Auswirkungen vergangener Spiele auf die Destinationen

Bevor im Folgenden die Auswirkungen von vergangenen Olympischen Spielen betrachtet werden, muss zunächst in Betracht gezogen werden, dass aufgrund des hohen Maßes an Freiheit und unterschiedlicher struktureller Stärken und Schwächen der einzelnen Orte, das gleiche Event in verschiedenen Städten unterschiedliche *Tourismus Legacies* kreiert (vgl. Preuß, 2006, S.4). Folglich ist das Ausmaß, in welchem tangible und intangible Benefits für den Tourismus auftreten und als positive *Legacy* andauern, von der Situation und der organisatorischen Planung abhängig (vgl. Williams & Elkhashab, 2012, S.318). Zusätzlich ist zu beachten, dass vor allem im Falle der Olympischen Sommerspiele die

Austragungsorte zumeist bereits vor der Bewerbung wohletablierte Tourimusdestinationen sind (vgl. Sant et al., 2013, S.288). Als Resultat hieraus benötigt jedes sportliche Mega-Event spezielle Strukturen, denn alle Eventstrukturen, die über das Event hinaus bestehen bleiben, verändern die Qualität der Destination (vgl. Preuss & Gatton, 2008, S.1925f.). Dies bewirkt eine Erhöhung oder Verminderung der Attraktivität für potentielle Touristen (ebd.).

3.1 Barcelona 1992

Die Olympischen Sommerspiele in Barcelona werden zu meist als Musterbeispiel dafür gesehen, welche positiven Effekte die Austragung des Events für eine Stadt haben kann. Es ist allgemein anerkannt, dass die Austragung dieses Mega-Events in Verbindung mit dem Beitritt zur EU, den Ausgangspunkt für die einzigartige Entwicklung der Stadt, im Speziellen im Bereich des Tourismus, bilden (vgl. Jaekel, 2015, S.252; Weed, 2011, S.205). Barcelona befand sich zum Zeitpunkt der Bewerbung, aufgrund von Bevölkerungsstagnation, einer verminderten politischen Aktivität der Bevölkerung und Stadtplanungsproblemen, in einer schwierigen Phase (vgl. Brunet, 1995, S.2). Die Spiele sollten der Ausgangspunkt einer vollkommenen Stadterneuerung sein, um sich somit im weltweiten Wettbewerb gegenüber anderen Tourismusdestinationen wieder besser zu positionieren (vgl. Weed et al., 2011, S.346). Hierfür waren vor allem infrastrukturelle Verbesserungen notwendig, welchen aus diesem Grund innerhalb der Planung die höchste Priorität zugeordnet wurde (vgl. Brunet, 1995, S.7). Mit Hilfe dieser Maßnahmen konnte Barcelona die Voraussetzungen schaffen sich in den darauffolgenden Jahren in ein wichtiges Touristenziel zu verwandeln, wobei jedoch anzumerken ist, dass die Olympischen Spiele keinen direkten Anstieg der Anzahl der Besucher bewirkten (vgl. Preuss, 2004, S.63). Dies wurde auch darin deutlich, dass in den ersten beiden Jahren nach den Spielen die Tourismusindustrie, eine Phase von reduzierter Profitabilität erfuhr und beispielsweise die Einnahmen pro verfügbarem Hotelzimmer um etwa 60 % fielen (vgl. Preuss & Solberg, 2007, S.228). Jedoch wurde die erwünschte Neupositionierung mit Hilfe von weiteren Stadtentwicklungsstrategien, wie beispielsweise der Veranstaltung weiterer internationaler Events und dem Bau neuer Museen, konsequent verfolgt und resultierte folglich in signifikant ansteigenden Besucherzahlen (vgl. Monclús, 2011, S.284). Diese erfolgreiche Entwicklung wird auch Tab. 1 ersichtlich. Hieraus geht hervor, dass im Vergleich zu den anderen Tourismusdestinationen, Barcelona mit einer Steigerung um

104.9 % den stärksten Anstieg der Besucherzahlen verzeichnen kann (vgl. Yildiz & Cekic, 2015, S.333).

Tab. 1 Anzahl der Übernachtungen zwischen 1990 und 2000 (Yildiz & Cekic, 2015, S.333)

	City	1990	2000	Increase %
1	London	91.300.000	120.400.000	31.9
2	Paris	31.166.172	31.633.273	1.5
3	Dublin	15.359.000	16.898.000	10
4	Rome	12.915.225	14.781.281	14.4
5	Madrid	9.481.728	12.655.413	33.5
6	Berlin	7.243.638	11.412.925	57.6
7	Prague	4.524.000	7.921.953	75.1
8	Barcelona	3.795.522	7.777.580	104.9
9	Amsterdam	5.720.500	7.766.000	35.8
10	Munich	6.923.970	7.756.152	12

Tab. 2 verdeutlicht noch einmal diese Entwicklung Barcelonas. Sie zeigt auf, dass die Hotelkapazität zehn Jahre nach den Spielen um 100 % gestiegen ist. Des Weiteren haben sich die Anzahl der Touristen als auch die Anzahl der Übernachtungen in etwa verdoppelt. Zusätzlich ist die Aufenthaltsdauer der Besucher und auch die durchschnittliche Zimmerbelegung von 71% auf 84% gestiegen. Abschließend ist noch festzustellen, dass sich die Anzahl der Touristen von außerhalb Europas von 16.8 % auf 29.2 % erhöhte. Dies ist sowohl ein Resultat der internationalen Ausrichtung des Stadtmarketings als auch der allgemeinen Globalisierung. (vgl. Preuss & Gatton, 2008, S.1932)

Tab. 2 Tourismus Legacy der Olympischen Spiele in Barcelona (Preuss & Gatton, 2008, S.1932)

	1990	2001
Hotel capacity (beds)	18,567	34,303
Number of tourists	1,732,902	3,378,636
Number overnights	3,795,522	7,969,496
Average room occupancy	71%	84%
Average stay	2.84	3.17
Tourist by origin		
Spain	51.2%	31.3%
Europe	32%	39.5%
Others (USA, Japan, Latin America)	16.8%	29.2%

Es kann zwar abschließend nicht festgestellt werden, welchen exakten Einfluss die Olympischen Spiele auf die Entwicklung des Tourismus in Barcelona hatten, jedoch erscheint es gerechtfertigt, einen positiven Zusammenhang zwischen dieser Entwicklung und der Veranstaltung dieses sportlichen Mega-Events anzunehmen (vgl. De Groote, 2005, S.25f.; Yildiz & Cekic, 2015, S.333).

3.2 Vancouver 2010

Im Falle der Olympischen Winterspiele wurden die führenden Destinationsmanagementorganisationen damit beauftragt, diese einmalige Chance dazu zu nutzen und zunächst die mediale Aufmerksamkeit, die Bekanntheit der Tourismusmöglichkeiten – und attraktionen, als auch die verfügbaren Kapazitäten zu steigern, um letztendlich eine langfristige Erhöhung der Besucherzahlen und somit auch der Einnahmen durch den Tourismus zu erreichen (vgl. Williams & Elkhashab, 2012, S.320) Zur Erreichung dieser Ziele wurde im Jahre 2005 eine Vereinigung gegründet, welche ein Zusammenschluss der einzelnen Organisationen und der verschiedenen Regierungsvertreter darstellte (ebd., S.321). In der Folge wurden mehrere strategische Pläne ausgearbeitet, wie beispielsweise der zehn Jahresplan für die Region British Columbia, welcher die Olympischen Spiele als Möglichkeit sah, innerhalb dieser Zeitspanne die Besucherzahlen und Tourismuseinnahmen zu verdoppeln (vgl. Sant et al., 2013, S.299). Williams & Elkhashab (2012, S.323) ermittelten, dass ein Großteil der involvierten Personen innerhalb dieser Kooperationen, die Interaktion und den Informationsaustausch zwischen den einzelnen Parteien als deutlich verbessert bewerteten und in etwa die Hälfte waren zusätzlich noch der Meinung, dass sich das Vertrauen und die Zusammenarbeit positiv entwickelt hat. Zusätzlich gaben in etwa die Hälfte der Befragten an, dass sich die Arbeitsatmosphäre als auch Entwicklungsmöglichkeiten des Personals signifikant verbesserten (ebd., S.324). Diese Verbesserungen resultieren in einer gesteigerten Dienstleistungsqualität. Allerdings gaben einige Teilnehmer an, dass sie Zweifel daran haben inwiefern diese positiven Entwicklungen in Zukunft aufrecht erhalten werden können und das geschaffene Potenzial vollkommen genutzt werden kann (ebd., S330f.). Aus Tab. 3 wird ersichtlich, dass eine Steigerung der Besucherzahlen in den Folgejahren, ausgenommen im Jahr 2011, stattgefunden hat. Jedoch konnte das Ziel einer Verdoppelung der Besucherzahlen nicht erreicht werden. Dies ist voraussichtlich mit einer zu optimistischen Kalkulation verbunden. Es kann zwar abschließend nicht bewertet werden, wie sich diese Tourismusdestination ohne die Olympischen Winterspiele entwickelt hätte, jedoch ist aufgrund der allgemeinen positiven Entwicklung des weltweiten Tourismus davon auszugehen, dass auch ohne die Spiele die Besucherzahlen eine positive Entwicklung genommen hätten und dieses sportliche Event nur geringfügige Wirkungen auf den Folgetourismus hat. Allerdings ist es möglich, dass die erhöhte

Gesamtqualität eine erhöhte Zufriedenheit bei den Besuchern bewirkt und sie somit die Destination erneut besuchen wollen oder diese weiterempfehlen (vgl. Woratschek & Zieschang, 2001, S.9ff.).

Tab. 3 Entwicklung des Tourismus für British Columbia 2010 – 2015 (eigene Darstellung)

	2010	2011	2012	2013	2014	2015
Internationale Übernachtungen	3,831,663 (+3,7 %)	3,724,303 (-2,8 %)	4,219,669 (+13,3 %)	4,417,165 (+4,6 %)	4,651,244 (+5,3 %)	4,925,916 (+7,9 %)
US Übernachtungen	2,579,155 (+1,2 %)	2,518,284 (-2,4 %)	2,842,533 (+12,9 %)	2,965,167 (+4,3 %)	3,063,683 (+3,3 %)	3,263,395 (+9,6 %)
US Gesamt	3,912,755 (+1,7 %)	3,703,461 (-5,4 %)	4,552,296 (+12,3 %)	4,647,432 (+2,1 %)	4,775,770 (+2,8 %)	5,234,689 (+9,6 %)
Asien	715,125 (+11,7 %)	710,246 (-0,7 %)	837,517 (+17,9 %)	899,263 (+7,4 %)	1,004,366 (+11,7 %)	1,049,466 (+4,5 %)
Europa	459,039 (+ 9,4 %)	411,251 (-10,4 %)	437,876 (+6,5 %)	442,200 (+1,0 %)	455,765 (+3,1 %)	473,166 (+3,8 %)

Zusätzlich wurde in einem finalen Report über die Effektivität der Olympischen Winterspiele 2010 festgestellt, dass das Hauptziel einer langfristigen Bekanntheitssteigerung nur bedingt erreicht wurde. Zwar konnte die Bekanntheit während der Spiele deutlich gesteigert werden, jedoch blieb dieses Niveau nicht einmal zwei Jahre erhalten und auch das Bekanntheitslevel sank zurück auf seinen Ursprungswert (vgl. Sant et al., 2013, S.303f.). Diese Erkenntnisse wurden mit Hilfe einer Umfrage unter norwegischen Sportfans bestätigt. Lediglich noch 15 % der Teilnehmer wussten, dass die Olympischen Winterspiele 2010 in Vancouver stattgefunden haben (vgl. Preuss & Solberg, 2015, S.213). Im Falle Vancouvers kann somit die verbesserte Zusammenarbeit der einzelnen Destinationsmanagementorganisationen als auch die Entwicklung besonderer Programme und Initiativen als primäre *Legacy* angesehen werden, während die *Legacy* im Hinblick auf eine langfristig erhöhte Destinationsbekanntheit und einem verbesserten Image der Region, eher geringfügig erscheinen (vgl. Sant et al., 2013, S.307).

3.3 London 2012

Bis zur heutigen Zeit hatte London die weitreichendsten *Legacy* Ambitionen aller bisherigen Austragungsorte (vgl. Weed, 2014, S.101). Hierbei wurde die langfristige Steigerung des Tourismus als eines der Kernziele formuliert (vgl. Weed et al., 2011, S.347). Dies sollte einerseits mit Hilfe einer Steigerung des Images und andererseits durch die Erneuerung bestimmter Stadtteile und folglich der Verschönerung des gesamten Stadtbildes erreicht werden. Zur Steigerung des Images wurden verschiedenste

Marketingkampagnen umgesetzt (vgl. Thornton, 2013a, S.63ff.). In einer Analyse vor der Umsetzung der Spiele wurde berechnet, dass die Tourismusbranche aufgrund der Olympischen Spiele in den darauffolgenden fünf Jahren einen zusätzlichen Gewinn von in etwa 980 Millionen Pfund erzielen wird (ebd.). Es liegen jedoch keine aktuellen Daten vor, inwiefern diese Prognose eingetroffen ist. Wenngleich konnte nachgewiesen werden, dass das Image nach den Spielen von Großbritannien und London anstieg, was sich auch in einer Verbesserung um eine Position innerhalb des *Anholt-GfK Roper Nation Brands Indexes* wiederspiegelte (vgl. Thornton, 2013b, S.19). Des Weiteren konnte ermittelt werden, dass 63 % der Personen, welche die Olympischen Spiele verfolgten, ein gesteigertes Interesse daran haben, einen Urlaub in dieser Destination zu verbringen (vgl. Thornton, 2013a, S.69). Abschließend gab ein Großteil der Besucher des Events an, dass sich ihre Meinung zu London als Tourismusdestination positiv veränderte, was wiederrum zu erhöhten Weiterempfehlungen führen kann (ebd., S.71).

Tab. 4 Besucher, Übernachtungen und Ausgaben 2009-2014 (London & Partners, 2015, S.7)

	2009	2010	2011	2012	2013	2014
Visits (million)						
Overseas	14.2	14.7	15.3	15.5	16.8	17.4
Domestic	10.7	11.4	11.1	12.2	12.3	11.4
Total visits	24.9	26.1	26.4	27.8	29.1	28.8
Nights (million)						
Overseas	85.7	90.3	91.5	94.3	98.1	108.0
Domestic	23.5	24.3	27.1	27.7	27.4	24.4
Total nights	109.1	114.6	118.6	122.0	125.6	132.4
Expenditure (£ billion)						
Overseas	8.2	8.7	9.4	10.1	11.5	11.8
Domestic	2.2	2.4	2.4	2.8	2.8	2.9
Total spend	10.4	11.2	11.8	12.9	14.3	14.7

Diese positiven Effekte spiegeln sich auch in den Folgejahren der Spiele durch einen Zuwachs der Besucherzahlen, der Übernachtungen als auch deren Ausgaben wieder (vgl. Tab.4). Jedoch kann nicht ermittelt werden, welchen exakten Beitrag die Olympischen Spiele zu dieser Entwicklung leisten und ob die Erwartungen hinsichtlich der Effekte der Spiele erfüllt wurden. London hat es jedoch geschafft, im Gegensatz zu anderen ehemaligen Austragungsorten, in den beiden Folgejahren zumindest einen kurzfristigen Tourismusrückgang zu verhindern. Allerdings kann die Entscheidung Großbritanniens aus der EU auszusteigen auch erhebliche Folgen für London als Tourismusdestination haben und dies kann dazu führen, dass die entstandenen *Legacies* abgeschwächt oder neutralisiert werden.

4 Olympische Spiele in Deutschland

Die Verantwortlichen vieler deutscher Destinationen sehen in den Olympischen Spielen nach wie vor eine einmalige Möglichkeit, die Entwicklung des Standortes voranzutreiben und zu beschleunigen, um so auch langfristig die Attraktivität als Tourismusdestination zu steigern. Jedoch ist heutzutage die Zustimmung seitens der Bevölkerung deutlich gesunken, was auch aus den gescheiterten Abstimmungen in München und Hamburg deutlich wird (vgl. Könecke, Schubert, & Preuß, 2016, S.15). Allerdings könnte diese Ablehnung von Seiten der Bevölkerung das Verpassen einer großartigen Chance bedeuten. Zur Evaluation und der Frage, ob die Olympischen Spiele für eine Destination innerhalb Deutschlands sinnvoll erscheinen, ist hierzu erst einmal eine Analyse der derzeitigen Tourismussituation und –entwicklung sinnvoll.

4.1 Aktueller Tourismus in Deutschland

Der Tourismus in Deutschland entwickelt sich seit Jahren positiv und es können jährlich neue Rekordzahlen im Bereich der Gästeankünfte und Anzahl der Übernachtungen ausgewiesen werden. Im Jahre 2015 wurden 166,8 Mio. Gästeankünfte und 436,2 Mio. Übernachtungen registriert (vgl. Deutscher Tourismusverband e.V., 2016, S.4). Hierbei ist hervorzuheben, dass vor allem die Gästeankünfte (+6,0 %) und die Übernachtungen (+5,4 %) durch ausländische Gäste starke Zuwächse erfahren (ebd., S.5). Insbesondere für die Altersgruppe 15 – 34 Jahre steigt das Interesse an Deutschland als Tourismusziel in den vergangenen Jahren signifikant (vgl. Deutsche Zentrale für Tourismus e.V., 2014, S.26). Zusätzlich wurde Deutschland im Jahre 2014 innerhalb des *Anholt-GfK Roper Nation Brands Indexes*, welcher das Image 50 verschiedener Länder anhand verschiedener Kriterien vergleicht, erstmals auf den ersten Platz gewählt (ebd.,S.30f.). Folglich betrug der „Touristische Gesamtkonsum in Deutschland" im Jahre 2015 278,3 Mrd. €, wobei hiervon 36,6 Mrd. € durch Ausgaben ausländischer Reisender generiert werden konnten (vgl. Deutscher Tourismusverband e.V., 2016, S.23). Allerdings ist zu beachten, dass nicht alle Destinationen innerhalb Deutschlands das gleiche Wachstum erfahren. Während beispielsweise in Berlin, welches derzeit die am stärksten wachsende deutsche Tourismusdestination ist, die positive Veränderung gegenüber dem Jahr 2014 5,4 % und der Anteil der inländischen Übernachtungen nur 55 % betrug, erfuhr Nordrhein-Westfalen lediglich einen Anstieg der Übernachtungen um 1,8 % und der Anteil der inländischen Übernachtungen lag hierbei bei 79 % (ebd., S.6). Thüringen (-0,9 %) und Sachsen (-0,3 %)

erfuhren im Jahre 2015 sogar einen Rückgang der Übernachtungsanzahl (ebd., S.7). Die Zukunftsprognosen für den Tourismus in Deutschland sind ebenfalls sehr positiv. Es wird davon ausgegangen, dass die Anzahl der Übernachtungen pro Jahr in etwa um 3,5 % steigen wird und sich somit die Übernachtungen im Jahre 2030 von ausländischen Besuchern auf bis zu 121,5 Mio. erhöhen können (vgl. Deutsche Zentrale für Tourismus e.V., 2014, S.32f.). Abschließend, ist die derzeitige und zukünftige Entwicklung des Tourismus für den Großteil der deutschen Destinationen als positiv zu bewerten.

4.2 Auswirkungen der FIFA Fußballweltmeisterschaft von 2006

Bevor im Folgenden genauer die Folgewirkungen der Fußballweltmeisterschaft betrachtet werden, ist es relevant zu erwähnen, dass im Falle der Olympischen als auch Paralympischen Spiele eine Stadt der Veranstalter ist, während es bei anderen sportlichen Mega-Events, wie eben beispielsweise der Fußballweltmeisterschaft, ein Land ist (vgl. Weed, 2011, S.196). Hieraus ergibt sich eine hohe Wahrscheinlichkeit, dass sich die geschaffenen *Legacies* der WM signifikant von denen möglicher Olympischer Spiele unterscheiden (vgl. Preuss, 2007, S.87). Allerdings erscheint es dennoch sinnvoll die Folgewirkungen der WM von 2006 zu betrachten, um mögliche Parallelen zu ermitteln und hieraus planungsrelevante Schlüsse zu ziehen. Zunächst konnten sich mit Hilfe des Events zahlreiche involvierte Parteien zusätzliches Wissen und Fähigkeiten aneignen, die dazu beitragen können, die allgemeine Dienstleistungsqualität in Deutschland zu erhöhen (vgl. Preuss, 2007, S.93f.). Des Weiteren haben verschiedene Kampagnen dazu beigetragen, dass sich die Zusammenarbeit innerhalb der Netzwerke der Tourismusbranche intensiviert haben (ebd., S.96). Ein weiterer positiver Aspekt des Events ist, dass trotz der hohen Investitionen in die Infrastrukturen und vor allem durch die verschiedenen Stadien keinerlei *white elephants* entstanden sind. Heutzutage beheimatet jedes Stadion einen Fußballklub der in der 2. oder 1. Bundesliga aktiv ist und diese Sportstätten haben sich teilweise sogar zu Touristenattraktionen weiterentwickelt. Ein weiterer, als positiv einzuordnender, Aspekt ist die Verbesserung des Images (vgl. Sant et al., 2013, S.290). Deutschland wurde von einem Großteil der Besucher als weltoffene und gastfreundliche Destination wahrgenommen (vgl. Preuss, 2007, S.95). Ein Resultat hiervon war, dass 88 % der Besucher Deutschland als Urlaubsdestination weiterempfehlen würden (Deutsche Zentrale für Tourismus e.V., n.d., S.6). Abschließend ist festzustellen, dass besonders die bisher unbekannten Austragungsorte durch die Fußballweltmeisterschaft profitieren konnten. Während Städte wie Hamburg, München, Frankfurt und Berlin, welche alle bereits vor dem Event eine Bekanntheit von über 87 % hatten, kaum einen Zuwachs erfuhren, konnten Städte wie Dortmund, Kaiserslautern oder Gelsenkirchen Bekanntheitszuwächse um bis zu 7 % verzeichnen (Deutsche Zentrale für Tourismus e.V., n.d., S.7). Zusammenfassend kann festgestellt werden, dass die FIFA Fußballweltmeisterschaft 2006 viele verschiedene positive *Legacies* hinterließ, welche einen positiven Einfluss auf den Folgetourismus haben können. Allerdings existieren derzeit noch keine Studien, die belegen, in welchem Ausmaß dieser beeinflusst wurde. Dennoch kann aufgrund der positiven Entwicklung, insbesondere des internationalen Images von Deutschland, davon ausgegangen werden, dass dieses sportliche Mega-Event einen positiven Beitrag zu dieser Entwicklung leistete.

4.3 Voraussetzungen für mögliche Destinationen

Bisher konnte festgestellt werden, dass sportliche Mega-Events das Potential haben, sowohl tangible als auch intangible Standortfaktoren zu verändern und als Konsequenz hieraus, die Attraktivität einer Tourismusdestination nachhaltig positiv zu beeinflussen (vgl. Holt & Ruta, 2015, S.7). Resultierend können Olympische Spiele als Katalysator fungieren, um eine deutsche Stadt langfristig im weltweiten Tourismuswettbewerb besser zu positionieren (vgl. Sallent et al., 2011, S.399). Zur Maximierung der *Tourismus Legacy* ist es jedoch notwendig, die Umsetzung der Olympischen Spiele in die langfristige Stadtplanung einzugliedern und im besten Falle mit weiteren Folgeevents oder Maßnahmen zu kombinieren (vgl. Preuss & Lienhard, 2014, S.35; Sallent et al., 2011, S.399). Zusätzlich ist es notwendig, dass möglichst viele relevante Parteien sowohl die Bewerbung als auch die Umsetzung der Spiele unterstützen. Aus den bisherigen Ergebnissen geht hervor, dass die Olympischen Spiele hauptsächlich dazu geeignet sind, die Faktoren *Infrastruktur, Bekanntheit, Image* und *Netzwerke* zu verändern. Des Weiteren ist es wichtig in Erwägung zu ziehen, dass Städte die sich in einer Konjunkturflaute befanden, größeren Nutzen durch die Spiele erzielen konnten als Städte bei denen dies nicht der Fall war (vgl. Malfas, Theodoraki, & Houlihan, 2004, S.214). Aus diesen Gründen erscheinen die Olympischen Spiele nicht als das geeignete Stadtmarketinginstrument, um den Tourismus in bereits beliebten Tourismusdestinationen wie Berlin, München oder Hamburg voranzutreiben. Diese Städte besitzen bereits eine hohe Bekanntheit, ein gutes Image und auch eine gute Infrastruktur. Somit ist es wahrscheinlich, dass die Kosten der Spiele den Gesamtnutzen übersteigen würden. Ein anderes Bild ergibt sich, wenn das Bundesland Nordrhein-Westfalen, und im Speziellen die Städte innerhalb des Ruhrgebietes, betrachtet werden. Dies hat vielseitige Gründe, welche interdependent sind. Zunächst wächst die Tourismusbranche in diesem Bundesland nicht so stark wie in den meisten Anderen und somit erscheinen Maßnahmen zur Steigerung des Tourismus als erforderlich (vgl. Deutscher Tourismusverband e.V., 2016, S.6f.). Die internationale Bekanntheit der Städte (Köln: 79 %; Dortmund: 62 %; Gelsenkirchen: 37 %) ist im Vergleich relativ gering und, wie bereits am Beispiel der FIFA Fußballweltmeisterschaft von 2006 festgestellt, kann ein sportliches Mega-Event im Falle dieser unbekannten Destinationen dazu beitragen, die allgemeine Bekanntheit signifikant zu erhöhen (vgl. Deutsche Zentrale für Tourismus e.V., n.d., S.7). Ein weiterer Grund ist, dass heutzutage immer noch viele Standorte innerhalb des Ruhrgebiets Imageprobleme haben und nicht als attraktive Tourismusdestinationen wahrgenommen werden. Hierbei könnte die erfolgreiche Austragung der Olympischen Spiele als ein Instrument dienen, um einen langfristigen Imagewandel für den Austragungsort zu bewirken (vgl. Pellegrino & Hancock, 2010, S.6). Zusätzlich bestehen in den zahlreichen Städten bereits moderne Sportstätten was eine Senkung der Gesamtkosten für dieses Event bewirkt. Abschließend können die Olympischen Spiele dazu beitragen, die Infrastruktur und somit das Stadtbild langfristig zu verändern. Dies kann auch eine Verbesserung innerhalb des deutschlandweiten Städterankings, in welchem Städte in Nordrhein-Westfalen zumeist keine guten Platzierungen erreichen, bewirken und ein weiterer wichtiger Faktor sein, um den Tourismus zu steigern (vgl. Die Wirtschaftswoche, 2015). Es kommen verschiedene Städte beziehungsweise Metropolregionen in Betracht (vgl. Trosien, 2012, S.211ff.). Als mögliche Austragungsorte scheinen Köln, Dortmund, Gelsenkirchen und weitere Städte mit einer ähnlichen Einwohnerzahl in Betracht zu kommen. Welche Destination am besten geeignet ist, kann innerhalb dieser Arbeit nicht abschließend bewertet werden und erfordert weitere Forschung. Jedoch erscheint es schlüssig anzunehmen, dass die Austragung von Olympischen Spielen die Bekanntheit und Attraktivität des Austragungsortes als Tourismusdestination langfristig steigern kann.

5 Fazit

Innerhalb dieser Arbeit konnte zunächst festgestellt werden, dass die Ausrichtung von sportlichen Mega-Events und in diesem speziellen Fall der Olympischen Spiele auf zahlreichen Faktoren Einfluss nehmen kann, welchen den Tourismus einer Destination beeinflussen. Die Kernveränderungen, die dieses Event für eine Stadt bewirken kann, umfasst eine Erhöhung der Bekanntheit, eine Verbesserung des Images, die Verbesserung der Infrastruktur, Schaffung neuer Touristenangebote und –attraktionen und eine Verbesserung des Wissens und der Fähigkeiten der im Tourismussektor tätigen Personen (vgl. Preuss, 2009, S.135). Allerdings muss immer beachtet werden, dass eine *Tourismus Legacy* nicht automatisch auftritt sondern geplant werden muss (vgl. Williams & Elkhashab, 2012, S.318). Des Weiteren ist es wichtig während der Planung die Effekte nicht zu über- und die Kosten nicht zu unterschätzen (vgl. Preuss & Solberg, 2007, S.229). Es wurde ebenfalls ersichtlich, dass viele weitere nicht kontrollierbare Faktoren auf den Tourismus einwirken und somit die Folgeeffekte eines Events signifikant beeinflussen können (vgl. Preuss & Solberg, 2007, S.222). Ein häufiges Beispiel hierfür sind die Olympischen Spiele in Sydney. Im Anschluss an das Event ereigneten sich in Form der Terroranschläge vom 11.September, dem Ausbruch der Krankheit SARS in Asien und der Insolvenz von Ansett Australia mehrere Ereignisse welche die *Tourismus Legacy* der Spiele wesentlich beeinflussten (vgl. Weed, 2011, S.206f.).

Mit Hilfe der Olympischen Sommerspiele in Barcelona und London, sowie der Olympischen Winterspiele in Vancouver konnten die Einflüsse des Events auf den Folgetourismus dargestellt werden. In allen drei Tourismusdestinationen wurden Verbesserungen einzelner tourismusrelevanter Faktoren festgestellt und es konnte bestätigt werden, dass die Olympischen Spiele sowohl weiche als auch harte Standortfaktoren beeinflussen. Der Umfang und die Dauer der Einflüsse ist jedoch für jede dieser Destinationen unterschiedlich (vgl. Preuß, 2006, S.4). Allerdings ist es aufgrund der Komplexität und der Multidisziplinarität der *Legacies* nicht möglich, die exakten Einflüsse der Olympischen Spiele auf den Folgetourismus zu ermitteln und zu quantifizieren.

Nachdem festgestellt wurde, dass die Olympischen Spiele einen Einfluss auf den Folgetourismus einer Stadt haben, stellt sich nun die Frage ob diese Ergebnisse auch auf mögliche Spiele in Deutschland übertragbar sind und welche Städte das größte Potential aufweisen, eine *Tourismus Legacy* durch die Austragung der Spiele zu erfahren. Weiter wurde ersichtlich, dass die allgemeine Tourismusentwicklung für Deutschland sehr gut ist und dass das letzte sportliche Mega-Event, die FIFA Fußballweltmeisterschaft im Jahre 2006, eine positive *Legacy* hinterlassen hat. Aufgrund der bisherigen Erkenntnisse aus der Theorie, von vergangenen Olympischen Spielen und dem Erfolg der Fußballweltmeisterschaft in Deutschland, ist davon auszugehen, dass auch die Austragung der Olympischen Spiele in einer deutschen Stadt das Potential haben, eine positive *Tourismus Legacy* zu schaffen. Das größte Potential wurde hierbei für Städte identifiziert, welche eine Steigerung der Bekanntheit und des Images benötigen, bereits eine solide Infrastruktur hinsichtlich der Sportstätten besitzen und eine Stagnation in der Tourismusbranche aufweisen. Aus den genannten Gründen kommen vor allem Städte im Bereich des Ruhrgebietes in Frage, da diese die Voraussetzungen am ehesten erfüllen. Die Frage welche Stadt innerhalb Deutschlands die größte Chance hat von den Olympischen Spielen als Tourismusdestination zu profitieren, kann in dieser Arbeit nicht abschließend beantwortet werden und benötigt weitere Forschung. Dennoch ist festzustellen, dass unabhängig von der Örtlichkeit, eine Maximierung der *Tourismus Legacy* nur möglich ist, wenn die Umsetzung der Olympischen Spiele in die langfristige Stadtplanung einbezogen und zusätzlich um weitere Stadtmarketingelemente ergänzt wird.

Literaturverzeichnis

Agha, N., Fairley, S., & Gibson, H. (2012). Considering legacy as a multi-dimensional construct: The legacy of the Olympic Games. *Sport Management Review, 15*(1), 125–139.

Auruskeviciene, V., Pundziene, A., Skudiene, V., Gripsrud, G., Nes, E. B., & Olsson, U. H. (2015). Change of Attitudes and Country Image after Hosting Major Sport Events. *Engineering Economics, 66*(1), 53–59.

Brunet, F. (1995). An Economic Analysis of the Barcelona ' 92 Olympic Games : Resources , Financing , and Impact. *The Keys of Success: The Social, Sporting, Economic and Communications Impact of Barcelona '92*, 1–30.

De Groote, P. (2005). Economic & Tourism Aspects of the Olympic Games. *Tourism Review, 60*(3), 20–28.

Deutsche Zentrale für Tourismus e.V. (n.d.). The 2006 FIFA World Cup and its effect on the image and economy of Germany. Zugriff am 30. Juni 2016, unter http://www.germany.travel/media/en/pdf/dzt_marktforschung/Fazit_der_FIFA_WM _2006_PDF.pdf

Deutsche Zentrale für Tourismus e.V. (2014). *DZT-Jahresbericht: 2014*. Frankfurt am Maim.

Deutscher Tourismusverband e.V. (2016). *Zahlen-Daten-Fakten: 2015*. Berlin.

Die Wirtschaftswoche. (2015). Die besten Städte 2015. Zugriff am 30. Juni 2016, unter http://www.wiwo.de/politik/deutschland/staedteranking/

Fourie, J., & Santana-Gallego, M. (2011). The impact of mega-sport events on tourist arrivals. *Tourism Management, 32*(6), 1364–1370.

Franke, M. (2014). *Städtische Bewerbungen um internationale Sportevents: Akteure und Interaktionen aus politökonomischer Sicht*. Hamburg: Springer Fachmedien Wiesbaden.

Holt, R., & Ruta, D. (2015). Introduction: sport, legacy and leadership. In R. Holt & D. Ruta (Eds.), *Routledge Handbook of Sport and Legacy: Meeting the challenge of major sports events* (pp. 1–15). Routledge.

Jaeke, M. (2015). *Smart City wird Realität: Wegweiser für neue Urbanitäten in der Digitalmoderne*. Springer Fachmedien Wiesbaden.

Könecke, T., Schubert, M., & Preuß, H. (2016). (N) Olympia in Germany? An analysis of the referendum against Munich 2022. *Sportwissenschaft, 46*(1), 15–24.

London & Partners. (2015). *London: Tourism Report 2014-2015*. London.

Malfas, M., Theodoraki, E., & Houlihan, B. (2004). Impacts of the Olympic Games as mega-events. *Proceedings of the Institution of Civil Engineers, Civil Engineering, 157*, 209–220.

Monclús, F.-J. (2011). Barcelona 1992. In J. R. Gold & M. M. Gold (Eds.), *Olympic Cities: City Agendas, Planning, and the World's Games, 1896-2016* (2nd ed., pp. 268–286). Abingdon: Routledge.

Pellegrino, G., & Hancock, H. (2010). *A lasting legacy: How major sporting events can drive positive change for host communities and economies*.

Preuss, H. (2004). *The economics of staging the Olympics: a comparison of the Games, 1972-2008*. Northampton: Edward Elgar Publishing.

Preuss, H. (2007). FIFA World Cup 2006 and its legacy on tourism. In *Trends and Issues in Global Tourism 2007* (pp. 83–102). Berlin: Springer Berlin Heidelberg.

Preuss H. (2009). Opportunity costs and efficiency of investments in mega sport events. *Journal of Policy Research in Tourism, Leisure and Events, 1*(2), 131–140.

Preuß, H. (2006). Lasting effects of major sporting events. *Institute of Sport Science*.

Preuss, H., & Gatton, C. (2008). Maximizing Olympic impacts by building up legacies. *The International Journal of the History of Sport, 25*(14), 1922–1938.

Preuss, H., Kurscheidt, M., & Schütte, N. (2009). *Ökonomie des Tourismus durch Sportgroßveranstaltungen: Eine empirische Analyse zur Fußball-Weltmeisterschaft 2006*. Wiesbaden: Gabler.

Preuss, H., & Lienhard, P. (2014). *Legacy, sustainability and CSR at mega sport events: An analysis of the UEFA EURO 2008 in Switzerland.* (H. Preuss & M. Kurscheidt, Eds.). Springer Gabler.

Preuss, H., & Solberg, H. A. (2007). Major Sport Events and Long-Term Tourism Impacts. *Journal of Sport Management, 21*(2), 215–236.

Preuss, H., & Solberg, H. A. (2015). Major sporting events and long-lasting tourism impacts: FIFA World Cup 2006 in Germany. In R. Holt & D. Ruta (Eds.), *Routledge Handbook of Sport and Legacy: Meeting the challenge of major sports events* (pp. 202–216). Routledge.

Ritchie, J. B. (1984). Assessing the impact of hallmark events: Conceptual and research issues. *Journal of Travel Research, 23*(1), 2–11.

Ruta, D. (2015). A strategic and pluralistic approach to planning legacy: the case of the Giro d'Italia. In R. Holt & D. Ruta (Eds.), *Routledge Handbook of Sport and Legacy: Meeting the challenge of major sports events* (pp. 29–45). Routledge.

Sallent, O., Palau, R., & Guia, J. (2011). Exploring the Legacy of Sport Events on Sport Tourism Networks. *European Sport Management Quarterly, 11*(4), 397–421.

Sant, S.-L., Mason, D. S., & Hinch, T. D. (2013). Conceptualising Olympic tourism legacy: destination marketing organisations and Vancouver 2010. *Journal of Sport & Tourism, 18*(4), 287–312.

Song, W. (2010). Impacts of Olympics on exports and tourism. *Journal of Economic Development, 35*(4), 93–110.

Thornton, G. (2013a). *Report 5: Post-Games Evaluation: Meta-Evaluation of the Impacts and Legacy of the London 2012 Olympic Games and Paralympic Games - Economy evidence base.* Loughborough.

Thornton, G. (2013b). *Report 5: Post-Games Evaluation: Meta-Evaluation of the Impacts and Legacy of the London 2012 Olympic Games and Paralympic Games - Summary Report.* Loughborough.

Trosien, G. (2012). Sport als Beispiel ökonomischer Effizienz in MetropolRegionen? In M.-P. Büch, W. Maennig, & H.-J. Schulke (Hrsg.), *Sport und Sportgroßveranstaltungen in Europa - zwischen Zentralstaat und Regionen* (S. 211–228). Hamburg: Hamburg University Press.

Weed, M. (2011). Olympic Tourism. In J. R. Gold & M. M. Gold (Eds.), *Olympic Cities: City Agendas, Planning, and the World's Games, 1896-2016* (2nd ed., p. 443). Abingdon: Routledge.

Weed, M. (2014). Is tourism a legitimate legacy from the Olympic and Paralympic Games? An analysis of London 2012 legacy strategy using programme theory. *Journal of Sport & Tourism, 19*(2), 101–126.

Weed, M., Stephens, J., & Bull, C. (2011). An exogenous shock to the system? The London 2012 Olympic and Paralympic Games and British tourism policy. *Journal of Sport & Tourism, 16*(4), 345–377.

Williams, P. W., & Elkhashab, A. (2012). Leveraging tourism social capital: the case of the 2010 Olympic tourism consortium. *International Journal of Event and Festival Management, 3*(3), 317–334.

Woratschek, H., & Zieschang, K. (2001). *Dienstleistungsqualität im Tourismus - Leitfaden für das Management, Bericht vom Tourismustag in Garmisch-Partenkirchen am 7.2.2001.* Bayreuth.

Yildiz, Z., & Cekic, S. (2015). Sport Tourism and its History and Contribution of Olympic Games to Touristic Promotion. *International Journal of Science Culture and Sport, 3*(4), 326–337.

Lightning Source UK Ltd.
Milton Keynes UK
UKHW010633081121
393601UK00001B/110